# Anleitung für Achtsamkeit

# '마음챙김' 을 위한 안내서

Poesie von Madeleine Hold

Koreanische Übersetzung von Yulim Kim

마델린 홀트 시

김유림 옮김

## Impressum

E-Mail: madeleinehold@gmail.com /
composeryul@gmail.com

Instagram: @maddyhold / @mi2mo_yuding

Korrektorat: Yang Taekyeong
Lektorat: Sowon Kim
Illustrationen: Jennifer Addens
Coverfoto: Mont Photographs

Herstellung und Verlag: BoD – Books on Demand,
Norderstedt

Copyright © 2021 Madeleine Hold & Yulim Kim

c/o AutorenServices.de
Birkenallee 24, 36037 Fulda

ISBN: 9783754315422

# Inhalt
# 차례

So viele Menschen auf dieser Welt.
So viele Länder, in denen sie ihre Gedanken
in so vielen Sprachen niederschreiben.
Wie auch immer ausgerechnet dieses Buch in
deine Hände geraten sein mag – Danke.

세상의 수많은 사람들. 다양한 언어로 스스로의
생각을 기록하는 이들이 있는 수많은 나라들.
어쩌다 당신의 손에 이 책이 들려 있게
되었는지는 알 수 없지만, 그저 고맙다고
말하고 싶습니다.

# Mein Glück

Du lachst,
Wenn ich dir sage,
Wie sehr ich etwas liebe.
Die Sonne,
Frische Beeren,
Den Moment, in dem ich lebe.
Du denkst,
Es würde reichen,
All dies nur gernzuhaben.
Die Sterne,
Alte Lieder
Und die Schritte, die wir wagen.
Es stimmt,
Ich mag es wirklich,
Die Dinge sehr zu mögen.
Den Morgen,
Echtes Lachen.
Doch ich liebe es, zu lieben.

# 나의 행복

너는 웃지
내가 무언가를
얼마나 사랑하는지 말 할 때면.
햇살,
신선한 딸기,
내가 살고 있는 지금 이 순간.
너는 생각하지
이것들을
그저 좋아하는 것만으로도 충분하다고.
별,
오래된 노래,
그리고 우리가 내딛는 걸음들.
그래 맞아,
내가 무언가를 좋아한다는
마음 자체를 좋아한다는 거.
아침,
진실한 웃음.
그래, 난 사랑한다는 마음을 사랑해.

# Anleitung für Achtsamkeit

Ohne Gedanken,

Verschwendet an das,

Worin wir versanken,

Zitternd vor Angst,

Ohne Gefühle,

Verschlossen vor dem,

Wovor wir uns hüten,

Es zu verstehen,

Ohne Erwartung,

Gerichtet auf die,

Für die wir uns schwertun,

Finden wir sie

- Die Gegenwart.

# '마음챙김'을 위한 안내서

두려움에 떨며
침몰한 자리에 주저앉아
생각을 낭비하지 말고,
생각하고 싶지 않은 일에는
마음의 문을 닫아
감정을 소모하지 말고,
우리를 힘들게 하는 것에는
기대를 걸지 않으며,
그렇게 우리는 찾을 것이다

- '현재'를.

# Von Ende bis Anfang

Mit dem Ende jedes Anfangs
Beginnt sofort ein Neuanfang
Und der Anfang eines Anfangs
Macht uns leider manchmal Angst,
Denn wir brauchen die Gewissheit,
Dass das Ende uns gefällt,
Aber wie ein Ende endet,
Hat kein Anfang je erzählt.

# 끝부터 처음까지

모든 시작의 끝에서
새로운 시작이 곧바로 시작된다.
그리고 시작의 시작은
때때로 우리를 두렵게 한다.
그 끝이 마음에 들 거라는
확신이 필요하기에.
그러나 끝이 어떻게 끝날지는
그 어떤 시작도 말해주지 않았다.

# Einmal mehr

Wir sind gefallen ohne Halt
Und zusammen aufgeprallt.

Einmal.
Zweimal.
Einmal mehr.

Warum vergessen wir so leicht
Unseren Schmerz, wenn er verstreicht?

# 한 번 더

우리는 쉴새 없이 추락하여
꽝! 하고 부딪쳤다.

한 번.
두 번.
한 번 더.

왜 우리는 상처가 아물고 나면
아팠던 고통을 그토록 쉽게 잊어버리는 걸까?

# Ich bin das Mondlicht

Ich bin das Mondlicht,
Geleite euch durch die Nacht,
Bringe Klarheit, bringe Frieden,
Halte die Monster in Schach.
Ich bin das Mondlicht,
Ihr braucht mich nur in der Nacht;
Deshalb hat unter der Sonne
Niemand an mich je gedacht.

# 나는 달빛

나는 달빛
너희에게 밤을 안내하고,
빛을 밝혀주고, 평화를 가져다주고,
괴물도 꼼짝 못 하게 해준단다.
나는 달빛
너희가 나를 밤에만 필요로 하여
태양 아래에서는
아무도 날 기억해주지 않는구나.

## Die kleinen Gesten

Ein *Hallo* am grauen Morgen
Und ein Lächeln ohne Grund.
Eine Frage nach den Sorgen
Und der Wunsch *Bleib mir gesund*.

Danke für all diese Dinge,
Sie bedeuten mir die Welt.
Denn die kleinen Gesten bringen
Größ'res Glück, als man erzählt.

## 작은 제스처

아직 어두운 아침의 '안녕'
그리고 이유 없는 미소.
요즘 잘 지내냐는 걱정
그리고 건강하라는 인사.

이 모든 것들에 감사해.
이것들은 내게 세상 전부거든.
작은 제스처는
생각보다 더 큰 행복을 가져다주니까.

## Jeden Tag

Was du wolltest,
Ist vergessen.
Was du hattest,
Ist längst fort.
Was du suchtest,
Ist verloren,
Nun an einem fernen Ort.

Was du wusstest,
War bloß Lüge.
Was du festhieltst,
War nicht echt.
Was du hofftest,
Ist nicht wichtig,
Wird der Wahrheit nicht gerecht.

Was du hörtest,
Lass verklingen.
Was du sagtest,
Lass gesagt.

Was du fühltest,
Fühlst du wieder,
Du wirst stärker, jeden Tag.

## 매일

네가 하려던 것은
잊혔어.
네가 갖고 있던 것은
사라진 지 오래야.
네가 찾던 것은
잃게 되었지.
이젠 머나먼 어떤 곳에서.

네가 알던 것은
거짓일 뿐이었어.
네가 쥐고 있던 것은
진짜가 아니었어.
네가 바라던 것은
중요하지 않아.
진실이 아닐 테니까.

네가 듣던 것을
끝까지 들어.
네가 말하던 것을
끝까지 말해.

네가 느끼던 것을
다시 느껴봐.
너는 더욱 강해질 거야, 매일.

# Selbstgerecht

Ich weiß, wie sie fühlen,
Darum ist es gerecht,
Wenn das Urteil mein ist,
Wen es stärker verletzt,
Und ich kenne die Wahrheit,
Weiß es besser als sie,
Darum kann es nur ich sein,
Die Gerechtigkeit sieht.

# 독선

그들이 어떻게 느끼는지 난 다 알고 있어.
그렇기 때문에
누가 더 다칠지
내가 결정하는 게 옳아.
그리고 나는 진실도 알고 있어.
누구보다 훨씬 더 잘 알고 있기에
오직 나만이 말할 수 있겠지
정의가 무엇인지.

## Alles an dir

Zeig mir alles,
Denn ich sehe dann
Alles,
Was ich lieben kann.

## 너에 관한 모든 것

내게 다 가르쳐줘
그래야 볼 수 있을 테니까
내가 사랑할 수 있는
모든 걸.

# Mit Leben gefüllt

Mit den Gedanken in den Wolken
Und der Sonne im Gesicht,
Mit dieser Dankbarkeit im Herzen
Erschüttert ihr mich nicht.

Mit beiden Beinen auf dem Boden
Und doch schwebend in der Luft,
Erfahre ich den Kuss des Windes,
Die Kraft und auch den Duft.

Mit den Erinnerungen in mir
Und der Vorfreude auf mehr,
Mit meinem Blick auf all das Schöne
Bin ich mehr voll denn leer.

## 삶으로 가득 찬

구름 위를 걷는 듯한 생각과
얼굴에 빛나는 햇살,
마음속에 이런 감사함이 있기에
그 무엇도 나를 흔들 수 없어.

바닥에 굳게 세워진 두 다리로
그럼에도 둥실둥실 떠다니는 듯한 느낌으로
나는 바람의 입맞춤,
그리고 힘과 향기도 느껴.

내 안의 소중한 기억들과
앞으로 일어날 일들에 대한 기대감,
아름다운 모든 것들을 볼 수 있는
눈이 있기에
난 비어 있다기보다는 가득 차 있어.

# Frei hinter Mauern

Du sagst, du möchtest frei sein
Und Liebe sei nur Pflicht.
Du sagst, du seist nicht einsam,
Doch lächeln tust du nicht.

# 담 뒤의 자유

넌 자유로워지고 싶다고 말하지
그리고 사랑은 의무일 뿐이라고.
넌 외롭지 않다고 말하지
미소도 짓지 않고서.

# Zu Staub

Momente voller Licht,
Mein Lächeln nur für dich,
Blicke, Küsse, Kerzen,
Auf der Zunge unsere Herzen.
Millionen Bilder
Bröckeln, zerfallen
Vor mir zu Staub.

Vertraute Zweisamkeit,
Vertraut durch all die Zeit,
Stets an deiner Seite,
Ein *für immer* endet heute.
Mein Leben mit dir
Bröckelt, verendet
Vor mir zu Staub.

Zusammen ohne Halt,
Zwei Herzen, eines kalt,
Schmeichelhafte Worte
Von der zweckdienlichen Sorte.

Die falsche Hoffnung
Bröckelt und wird nun
Endlich zu Staub.

# 먼지가 된다

빛으로 가득한 순간들
너만을 위한 미소
눈빛, 입맞춤, 촛불
혀끝에서 느껴지는 우리의 마음.
수많은 모습들이
산산이 조각나 무너져
내 앞에서 먼지가.

둘이어서 행복했던
모든 시간을 함께해서 익숙했던
언제나 너의 편이었던
영원할 것 같던 '우리'도 오늘로써 끝.
너와 함께 했던 내 삶이
산산이 조각나 흩어져
내 앞에서 먼지가.

늘 함께였던,
두 개의 마음, 그중 하나는 차가웠던.
기분 좋게 하던 말들,
목적을 가지고 있던 그 말들.

잘못된 희망이
산산이 조각나
결국엔 먼지가.

## Zum Teilen gemacht

Dir selbst gehören die Bilder
Aus deiner Erinnerung.
Würdest du sie jedoch endlich teilen,
Wären sie vielleicht irgendwann bunt.

Dir selbst gehören die Worte,
Gesponnen in deinem Geist.
Doch womöglich beginnst du, zu heilen,
Wenn du sie mit jemandem teilst.

# 나누기 위해 만들어졌다

너의 기억 속 장면들은
모두 너의 것.
하지만 누군가와 나눈다면
언젠간 그것들이 다채로워질지도 몰라.

너의 영혼에서 뽑혀 나온 말들은
모두 너의 것.
하지만 누군가와 나눈다면
어쩌면 너도 치유될 지 몰라.

# Das falsche Gesicht

Das falsche Gesicht ist festgewachsen.
Du willst, doch schaffst es nicht,
Dich gehenzulassen.
Das falsche Gesicht ist festgewachsen.
Es ist, als würdest du
Dein Leben verpassen.

# 잘못된 얼굴

잘못된 얼굴이 단단히 붙어버렸다.
너는 네 자신을 놓아주고 싶지만
그럴 수 없다.
잘못된 얼굴이 단단히 붙어버렸다.
마치,
너의 삶을 놓치고 있다는 듯이.

# Unsichtbare Ketten

Frei, zu handeln,
Frei, zu sein,
Die Wahl immer
Bei uns allein?
Frei ist niemand
Wirklich, denn
Wir haben Angst
Vor Meinungen.

# 보이지 않는 굴레

자유롭게 행동하는 것,
자유로워지는 것,
그 선택은 항상
우리의 몫인 걸까?
아무도 자유롭지 못하다.
정말로, 누구도.
우리는 평가를
두려워하니까.

# Puls

Falls du dich jemals fragtest,

Wieso du in einem Körper wohnst:

Berühren zwei Seelen einander,

Teilen sie ihre Wärme,

Fühlen sich wohl.

Aber für das Kribbeln,

Den elektrischen Impuls,

Braucht es Lippen

Und die empfindsamste Stelle

Eines jeden Nackens.

Deine Haut wurde gemacht,

Um geküsst zu werden.

Aus keinem geringeren Grund.

# 맥박

네가 왜 몸 안에서 살고 있는 건지
스스로 물어본 적이 있다면 -
서로를 부드럽게 감싸며
온기를 나누는 두 개의 영혼은
안정감을 느낀다.
그렇지만 간질간질한 느낌을 위해서는,
찌릿하고 전기가 통하려면,
목덜미의
가장 섬세한 부분과
입술이 필요하다.
네 피부는
입맞춤을 받기 위해 만들어졌다.
다른 어떤 보잘것없는 이유가 아닌.

# Harte Zeit

Du lebst durch eine harte Zeit,
Die Nächte werden länger.
Dein Körper wird die Lasten leid
Und deine Kehle enger.

Du kämpfst durch diese harte Zeit,
Wirst jede Nacht nur stärker,
Für einen neuen Tag bereit,
Durch das, was du gelernt hast.

# 힘든 시간

너는 힘든 시간을 지나고 있고
밤은 점점 길어지고 있어.
네 몸은 무거운 짐에 지쳐가고
네 목구멍은 점점 좁아져만 가지.

너는 이 힘든 시간을 버텨내고 있고
매일 밤 더 강해질 거야.
네가 배운 것들을 통해
새로운 날을 위한 준비를 하고 있는 거야.

# Schultheaterstück

Ich hoffe wirklich,

Eines Tages

Blicke ich einmal zurück

Und sehe deutlich

All die Jahre

Wie ein Schultheaterstück,

Voller Patzer

Und Lacher

Und Überraschungen,

Mit Höhen

Und Tiefen

Und einem Happy End.

# 어린이 연극

어느 날
내가 살아온 날들을
뒤돌아보았을 때
그 모든 시간을
선명하게 볼 수 있기를
진심으로 바란다.
마치 실수와
웃음과
놀랄 일들로 가득한,
인생의 쓴맛,
단맛,
그리고는 마침내 해피엔드를 맞이하는
한 편의 어린이 연극처럼.

# Fühle dich

Ich fühle dich.
Auch dann,
Wenn du nicht bei mir bist.
Vielleicht
Sogar noch etwas mehr.
Du bist
Die Stimme, die mich stärkt,
Und auch
Die Hand, die meine hält.
Ich fühle dich.

Immer.

## 너를 느낀다

나는 너를 느낀다.
네가
내 곁에 없을 때에도.
어쩌면
좀 더 잘 느껴지는지도.
너는
나를 강하게 하는 목소리
그리고
나를 잡아주는 손.
나는 너를 느낀다.
언제나.

# Tretminenfeld

Jeder Schritt ganz vorsichtig,
Behutsam,
Als wüsste er nicht recht,
Ob er ihn gehen soll.
Jede Entscheidung langsam,
Zögerlich,
Als fragte er sich stets,
Ob er sie treffen kann.
Jede Äußerung leise,
Unbestimmt,
Als zweifelte er noch,
Ob er die Worte weiß.
Jede Bewegung achtsam,
Überlegt,
Als fürchtete er sich
Auf dem Tretminenfeld.

# 지뢰밭

한 걸음 한 걸음 조심히,
신중하게,
걸음을 내디뎌야 할지 말지
잘 모르겠다는 듯이.
모든 결정을 천천히,
망설이며,
결정을 내릴 수 있을지 없을지
스스로에게 끊임없이 묻는다는 듯이.
모든 의견을 조용히,
모호하게,
그 말들을 아는지 모르는지
확신이 없다는 듯이.
모든 움직임을 주의 깊게,
숙고하며,
마치 지뢰밭 위에 서서
두려워하고 있다는 듯이.

# Wir alle

Wir Menschen, wir alle, sind Erde
Und Feuer formt unseren Geist;
Wir wandern, getrieben von Wasser,
Den Weg, den die Luft uns verheißt.

# 우리 모두

우리 인간들, 우리는 모두 흙이며,
불은 우리 영혼의 모양을 만든다.
우리는 물을 타고 떠내려간다.
공기가 우리에게 약속한 그 길로.

# Dicker als Wasser

Das Band, das uns zusammenhält,
Bleibt ewiglich robust.
Es wächst, sobald du dich entfernst,
Doch zerrt in meiner Brust.
Kein Streit und auch kein schlechtes Wort
Schwächt jemals diesen Bund.
Verwoben mit unserem Blut,
Ist er ein Teil von uns.

## 물보다 진한

우리를 매어주는 띠는
영원히 단단할 거야.
네가 내게서 멀어지면 띠도 함께 늘어나겠지만
그만큼 나를 당겨 아프게 하겠지.
어떤 다툼도, 어떤 나쁜 말도
이 약속을 약하게 만들 수 없어.
우리의 피와 엮인
이 약속은 우리의 한 부분인걸.

# Übertrieben

Du nennst die Tränen
Übertrieben,
Die du auf meinen Wangen siehst.
Ich wäre wohl lieber
Ruhig geblieben;
Es scheint doch falsch, wenn meine Trauer
fließt.
Du sagst, mein Glück sei
Übertrieben,
Der Moment nicht der Freude wert.
Ich wäre wohl lieber
Still geblieben;
Die Emotionen in mir sind verkehrt.
Du denkst, ich fühle
Übertrieben,
Denn du fühlst ganz anders als ich.
Dabei wäre ich lieber
Ich geblieben;
*Übertrieben* ist ein Geschenk für mich.

## 과장되었다

넌 내 뺨에 흐르는 눈물을
과장되었다고 하지.
차라리
태연하게 있을걸,
내 슬픔이 흐르는 게
잘못된 일처럼 느껴지잖아.
넌 내 행복이 과장되었다고,
그 순간이
그렇게까지 기뻐할 건 아니라고 하지.
차라리
잠자코 있을걸,
내 안에 있는 감정들은 다 틀렸나봐.
넌 내가
너무 과장되게 느낀다고 생각하지,
넌 나와 전혀 다르게 느끼니까.
차라리
나는 나로 살래.
'과장됨'은 나를 위한 선물이야.

# Willkommen zuhause

Willkommen zuhause,

Wo dich niemand mehr erkennt,

Wo die Erinnerungen alt sind,

Doch der Rest inzwischen fremd.

Noch immer dein Ursprung,

Einst dein ganzer Horizont.

Du fragst dich, wer wärest du heute,

Hättest du nicht fortgekonnt?

## 어서와

고향에 온 걸 환영해.
더 이상 누구도 널 알아보지 못하는 곳,
아직 오래된 추억들이 살고 있지만
그 외에 모든 것은 어느덧 낯설어진 곳,
여전히 너의 뿌리이며
한 때는 너의 온 지평선이었던 곳.
만약 그때 떠나지 않았더라면
오늘 네가 어떤 모습일지 궁금하지 않니?

# Weltenbummler

Wir lesen,
Um zu reisen,
Wenn wir bleiben,
Wo wir sind.

## 세계여행자

우리는 여행하기 위해
책을 읽는다.
우리가 있는 자리에
머무르게 될 때.

# Beides

Ich hab mir so sehr gewünscht,
Dass jemand meine Tränen sieht.
Ich hatte solche Angst davor.

# 둘 다

난 누군가가
내 눈물을 봐주기를 진심으로 바랐다.
내 눈물을 볼까 봐 진심으로 두려웠다.

# Verstrahlt

Wie hast du es dir vorgestellt,
Bevor dein Leben hier begann?
Kommt denn die Realität
An deine Tagträume heran?

Wie hast du es dir ausgemalt,
Als du ein Bild im Kopf erschufst?
Warst du vielleicht zu verstrahlt
Und weißt nicht wirklich, was du suchst?

# 눈이 멀었다

당신의 삶이 이곳에서 시작되기 전에
어떤 모습일 거라 상상했었나요?
현실이
당신의 백일몽을 잘 따라오고 있나요?

머릿속으로 그렸던 당신의 꿈은
어떤 모습이었나요?
혹시 눈이 멀어서
이젠 뭘 찾고 있었는지도 잘 모르겠나요?

# Gegen den Wind

Der Wind schlägt mir entgegen,
Drückt mich zurück mit ganzer Kraft.
Doch ich stell mich dagegen,
Halte stand mit aller Macht.

Die Knochen werden müde,
Die Hoffnung will nicht immer sein.
Die Worte machen mürbe
Und ich lasse Zweifel ein.

Der Wind schlägt mir entgegen,
Doch noch bin ich nicht umgestimmt.
Ich stelle mich dagegen,
Weil das Herz in mir mich zwingt.

# 바람에 맞서서

앞에서 바람이 불어와
온 힘을 다해 나를 밀어낸다.
나는 거기에 맞서서
힘껏 버틴다.

뼈는 피로해지고,
희망은 사라져간다.
말은 나를 녹초로 만들고
그렇게 확신을 잃기 시작한다.

앞에서 바람이 불어오지만
나는 아직 마음을 바꾸지 않았다.
다시 한번 바람에 맞서서 꼿꼿이 선다.
내 안에서 그렇게 하라고 하니까.

# All die guten Menschen

Sie teilt gern,
Wenn sie zu viel hat.
Er hört zu,
Redet dann laut.
Sie hilft oft
Und ist stets langsam.
Er hat Charme,
Wenn er sich traut.

Es ist so:
Perfekt ist niemand,
Sie jedoch
Ein guter Mensch.
Sei nicht streng,
Viel lieber dankbar,
Dass er dir
Sein Lächeln schenkt.

# 모두 좋은 사람들

어떤 이는 많이 가졌을 때면
나누기를 좋아한다.
다른 이는 잘 들어주고
크게 말한다.
또 어떤 이는 돕기를 좋아한다.
늘 천천히.
또 다른 이는 용기를 낼 때
참 매력적이다.

사실은 이렇다:
어느 누구도 완벽하지는 않지만
모두가
좋은 사람이다.
딱딱하게 굴지 말고
오히려 감사하게 생각하라.
다른 이가 당신에게
미소 지어줄 때.

# Ohne Kleider

Keine Kleider
An meinem Körper,
Die ihn schützen
Vor dem Blick.

Keine Maske
Vor meinen Zügen,
Nichts verdeckt mehr
Mein Gesicht.

Mehr als Worte
Sind diese Zeilen.
Sie sind echt und
Sie sind ich.

# 옷 없이

몸에
아무것도 걸치지 않았다.
시선으로부터 보호해줄
어떤 옷도.

얼굴에
어떤 가면도 쓰지 않았다.
나를 가려줄 것은 이제
아무것도 없다.

이 행行들은
글, 그 이상이다.
이것들은 진짜이고
이것들이 바로 나이다.

# (Nicht) richtig

*Liebe* sagen
Ist nicht immer einfach
Und manchmal tut es sogar weh.
*Liebe* sagen
Ist nicht immer richtig,
Denn manchmal kommt es viel zu spät.

# 옳다 (옳지 않다)

사랑을 말하는 것이
늘 쉬운 것은 아니다.
때때론 아프기도 하다.
사랑을 말하는 것이
늘 옳은 것은 아니다.
때때론 너무 늦게 말해지기 때문에.

# Starkes Herz

Das Ziel scheint noch weit,
Doch du erreichst es irgendwann.
Denn am Ende schafft man mehr,
Als man kann.

## 강한 마음

목적지가 아직 멀게만 느껴지겠지만,
넌 언젠가 꼭 도착하고 말 거야.
결국에 사람은
자기가 할 수 있는 것보다
더 해내고 마는 법이니까.

# Festgehalten

Gnadenlos
Und so verzweifelt,
Hältst du dich
An Vergangenem fest.
Mach dich los,
Wenn du bereit bist,
Bevor es dich
Nicht mehr gehen lässt.

## 붙들고 있다

무자비하게
악에 받쳐
넌 과거를 꽉 붙들고 있다.
준비가 됐다면
이제는 그만 놔 줘.
과거가 더 이상 너를 놓아주지 않기 전에.

## Adam & Eva

In Büchern und in Filmen sagen sie uns,
Was Liebe ist.
Sie sagen uns, was sie mit uns macht,
Wie sie uns verändert.
Dass sie gut ist und mächtig.
Sie sagen uns, dass die Liebe
Immer schon da war,
Und trotzdem fühlt es sich so an,
Als wären du und ich,
Als wären wir,
Adam und Eva - die ersten Menschen auf der
Welt,
Die erfahren, was es bedeutet, zu lieben.

## 아담과 하와

책이나 영화에서 사람들은
사랑이 무엇인지 말하곤 한다.
사랑이 우리를 어떻게 만드는지,
어떻게 변화시키는지 말해준다.
사랑은 좋은 것이고 강한 것이라며.
사람들은 사랑이
언제나 거기 있었노라 말한다.
그럼에도 나는
너와 내가,
우리가,
아담과 하와 - 마치 세상의 첫 번째 인간인 양
느껴진다.
사랑한다는 게 무엇인지 처음으로 알아가던
그들처럼.

# Wundersammler

Wann ist es passiert,
Dass ein Spaziergang im Wald
Keine Expedition,
Kein wildes Abenteuer mehr war?
Seit wann ist die Katze
Kein verzauberter Prinz
Und der Schatten meiner Jacke
Kein Geist,
Kein unsichtbarer Helfer mehr?
Wann habe ich aufgehört,
Abends unterm Bett
Nach Monstern,
Ihren roten Augen
Und langen Fingern
Ausschau zu halten?
An welchem Tag
Habe ich zum ersten Mal
In den Spiegel gesehen
Und mich nicht gefragt,
Ob das Mädchen

Hinter dem Glas
Mir aus einer Parallelwelt,
Einer anderen Dimension,
Entgegenblickt?
Und ab welchem Moment
War ich im Inneren
Kein Kind,
Kein Wundersammler mehr,
Sondern geblendet
Von der Realität?

# 놀라운 일 수집가

언제부터였을까,
숲속에서의 산책이
더 이상 탐험이나 거친 모험이 아니었던 게?
언제부터 고양이들은
마법에 걸린 왕자가 아니게 되었으며,
언제부터 내 재킷의 그림자가
유령이나
우렁각시로 변하지 않게 되었을까?
저녁이면 침대 아래에서
괴물과
괴물의 빨간 눈,
긴 손톱을 기다리던 것을
난 언제부터
그만두었지?
거울을 보며
그 속에 있는 소녀가
다른 차원,
평행세계에서 와
나를 바라보고 있는 건 아닌지
처음으로 물었던 게

언제였던가?
그리고 대체 언제부터 나는
가슴속에서
아이가 아닌,
놀라운 일 수집가가 아닌,
현실에 눈이 가려진
어른이 되었을까?

# Blindes Vertrauen

Reicht der Wille,
Mehr zu geben,
Für das Leben
Wirklich aus?
Kein Geheimnis,
Dass du zweifelst
Und dem Leben
Nicht vertraust.
Doch die Antwort
Rückt schon näher,
Sie kommt eher,
Als du glaubst.

# 무조건적인 신뢰

노력하려는
의지만으로
인생을 사는 게
충분한 걸까?
네가 걱정에 가득 차
인생을
신뢰하지 않는다는 것은
비밀이 아니다.
그러나 답은
이미 가까워지고 있다.
네 생각보다
훨씬 빠르게.

# Paramount Wolken

Der Himmel in Amerika
Trägt Paramount Wolken über der Prärie,
In den Filmen, in den Western,
Nur nicht zuhause über mir.
Es gibt einen Schnitt im Himmel,
Als wär der Film zusammengeklebt.
*Nein*, sagte Vater,
*Der Himmel ist überall gleich,*
*Die Grenzen gibt es nur hier bei uns*
*Auf der Erde, nicht im Himmel.*
Die Wolken über mir
Sind wie immer, wundervoll normal,
Wie in der Paramount Prärie,
Immer neu, monumental,
und überall gleich.

*Von Papa*

# 파라마운트 구름

미국의 하늘에는
드넓은 초원 위로 *파라마운트 구름이 떠 있어.
영화 속에서도, 서부에서도.
하지만 우리 집, 내 곁에서는
그 구름을 찾아볼 수가 없어.
마치 영화를 이어 놓은 듯
하늘에 선이 그어진 것만 같아.
*아니란다,* 아빠는 말씀하셨지.
*하늘은 어디나 똑같아.*
*경계선이라는 건 여기,*
*우리가 사는 땅에만 있지*
*하늘에는 존재하지 않는단다.*
내 위에 떠 있는 구름들은
언제나처럼 굉장해.
늘 새롭고 장대한
그리고 어디에서나 똑같은.

**아빠의 시**

*미국의 영화 스튜디오이자 배급사인 "파라마운트 픽쳐스"
에서 따온 단어이다.

# Mit der Masse

Blendende Lichter
Und Stimmengewirr
Trennen uns von der Versuchung,
Weiter zu sehen,
Tiefer zu hören,
Unsere Wünsche zu suchen.

# 군중 속

눈부신 조명과
떠드는 소리가
멀리 보고자 하는
깊이 듣고자 하는
소망을 찾고자 하는 유혹에서
우리를 떨어뜨려 놓는다.

# Eine Geschichte & ein Kuss

Salz auf meinen Lippen,
Ich spür das Meer auf meiner Haut.
Der Wind tanzt mir im Nacken,
Als sich ein Sturm zusammenbraut.
Schönheit in der Ferne,
Ich spüre sie in meiner Brust.
Der Wind erzählt vom Leben
Und er schenkt mir seinen Kuss.

## 하나의 이야기 & 한 번의 입맞춤

내 입술 위에 소금,
바다가 피부로 느껴진다.
마치 폭풍이 휘몰아치듯
바람이 목덜미에서 춤을 춘다.
멀리 있는 아름다움,
나는 그것을 가슴으로 느낀다.
바람은 삶에 대해 이야기하며
내게 입맞춤을 선물한다.

## Scherben

Meine Augen weit geöffnet.
Scherben vor mir,
Überall;
Und mein Herz in deinen Händen.
Scherben von mir,
Noch nicht kalt.

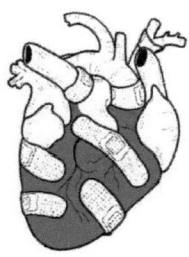

# 파편

크게 뜬 나의 두 눈,
그 앞에는 파편들이
여기저기,
그리고 내 마음은 네 손에.
나의 파편들,
아직 차가워지지 않은.

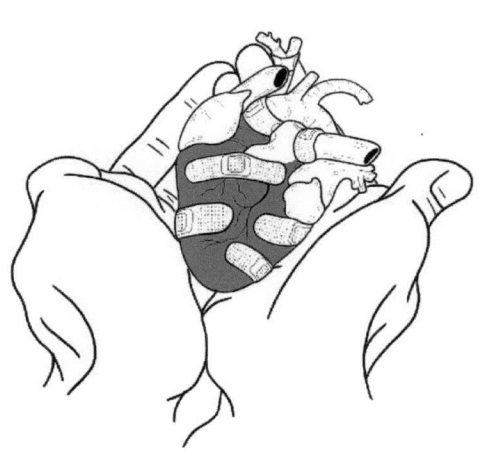

# Für die einsamen Wächter

Sie kennen nicht
Deine Wunden,
Wissen nicht,
Wie es ist.
Du fühltest dich
Nie verbunden,
Doch du hast
Sie beschützt.

## 고독한 파수꾼을 위해

그들은 너의 상처를
알지 못하며,
그게 어떤 것일지
감히 상상할 수도 없다.
너는 한 번도
다른 이와 연결된 적 없다 느끼겠지만,
사실 너는
내내 그들을 지켜주었다.

# Lebensmutig

Mutig will ich sein.
Genug, um laut zu sagen,
Was mich wachhält in der Nacht.
Genug, um das zu wagen,
Was die Welt mir zugedacht.
Genug, um zu vergeben,
Was ich nicht vergessen kann.
Genug, um zu erstreben,
Was sich formt zu meinem Plan.
Genug, um einzufordern,
Was ein jedes Herz verdient.
Genug, um heut und fortan
Froh zu sein, dass es mich gibt.

# 살아갈 용기

용기 있는 사람이고 싶다.
무엇이 나를 밤에 잠들지 못하게 하는지
크게 말할 수 있을 정도로,
세상이 나를 위해 무엇을 준비해뒀는지
감행해 볼 정도로,
잊을 수 없는 일을
용서할 수 있을 정도로,
내 계획이 어떻게 되어가는지
알아내기 위해 애쓸 정도로,
모든 마음이 마땅히 가질 수 있는 것을
나에게도 달라고 요구할 정도로,
오늘 그리고 앞으로도
내가 살아있다는 사실에 스스로 기뻐할 정도로.

# Herbeigeführt

Sie ist weitergezogen,
Obwohl sie dir
Ein Versprechen gab.

Doch denke weiter zurück:

Du hast weitergelogen,
Obwohl du ihr
Ein Versprechen gabst.

## 자초한 일

그녀는
너와 약속했음에도 불구하고
멀리 떠나갔어.

하지만 돌이켜 생각해봐.

너는
그녀와 약속했음에도 불구하고
계속 거짓말을 했어.

# Aaron

Durch dunkle Zeiten
Suchst du den Weg.
Gutes Herz und schwere Bürde.
Ich sehe Schatten,
Doch auch dein Licht,
Heller noch als alle Sterne.

# 아론

넌 어두운 시간을 통해
길을 찾고 있어.
선한 마음과 무거운 짐.
나는 그림자를 보지만
너의 빛 또한 볼 수 있지.
여전히 어느 별보다도 밝은 그 빛을.

## Die hier lebten

Die hier lebten
Wussten nicht,
Was das Leben ihnen schenkte.
Die hier gingen
Sahen niemals,
Welcher Weg vor ihnen lag.

Die hier kämpften
Fragten nicht,
Wer den Kampf von oben lenkte.
Die hier starben
Lebten niemals
Einen lebenswerten Tag.

# 여기에 살던 이들

여기에 살던 이들은
인생이 그들에게 무엇을 선물했는지
알지 못했다.
여기를 지나던 이들은
그들 앞에 어떤 길이 놓여있는지
보지 않았다.

여기서 싸우던 이들은
누가 그 싸움을 위에서 조종하고 있었는지
묻지 않았다.
여기서 죽은 이들은
가치 있는 삶을
단 하루도 살지 못했다.

# Leicht zu lieben

Dich zu lieben,
Ist wie Atmen,
Es passiert
Ganz von allein.
Trägst mein Herz
In deinen Armen,
Hältst es fest,
Als wär es leicht.

## 사랑하기 쉬운

너를 사랑하는 건
숨 쉬는 것과 같아.
그냥 알아서
되는 일이거든.
넌 내 마음을
팔로 받쳐 주고 있어.
마치 가볍다는 듯
꼭 붙들고 있지.

## Weiße Leinwand

Nur wer aufgibt,
Hat verloren.
Jeder Tag ein Neubeginn.
Niemand wird je
Auserkoren.
Nur du selbst schaffst deinen Sinn.

# 흰 스크린

포기한 자만이
진 것이다.
매일은 새로운 시작이다.
누구도 대신해 주지 않을 것이다.
오로지 너만이 너의 의미를 만들 수 있다.

# Das Ende der Nacht

Das Dunkel lässt dich fürchten
Und die Kälte lässt dich frier'n.
Du zitterst, zählst die Schatten,
Die aus Ecken auf dich stier'n.
Du glaubst, du bleibst für immer
Voller Angst, vom Dunkel blind,
Vergisst, dass selbst die Schatten
An die Zeit gebunden sind.
Der Himmel wird schon lila
Und die Wärme kehrt zurück.
Lauschst du, hörst du die Vögel
Und ihr Lied über das Glück.

# 밤의 끝

어둠이 너를 두렵게 하고
추위가 너를 얼어붙게 한다.
너는 떨며
구석에서 널 멍하니 바라보는
그림자를 세고 있다.
너는 네가 영원히 두려움에 가득 차
어둠에 눈이 먼 채로 살아갈 거라고 믿으며
그림자 또한
시간과 연결되어 있다는 것을 잊었겠지만,
하늘은 곧 연보랏빛으로 변할 것이고
따뜻한 날도 돌아올 것이다.
귀를 기울이면 새 소리가,
새가 행복에 대해 노래하는 소리가
들릴 것이다.

# Ich weiß, dass ich dich Liebe (II)

Ich weiß, dass ich dich liebe,
Weil ich es bin, die über dich schreibt,
Wenn du keine Schönheit siehst.
Ich weiß, dass ich dich liebe,
Weil ich es bin, die hoffnungsvoll bleibt,
Wenn du vor dem Leben fliehst.
Ich weiß, dass ich dich liebe,
Weil ich es bin, die mutig sich zeigt,
Wenn Angst dir die Kehle schließt.
Und ich weiß, dass ich jeden Tag stark
Und an jedem Tag stolz sein werde,
Weil du es bist, den ich liebe.

# 난 내가 너를 사랑한다는 걸 알고 있어 2

난 내가 너를 사랑한다는 걸 알고 있어.
왜냐면 나는 네가 아름다움을 보지 못할 때
너에 관해 글을 쓰는 사람이거든.
난 내가 너를 사랑한다는 걸 알고 있어.
왜냐면 나는 네가
인생으로부터 도망치려 할 때
희망을 가득 품고 있으려 하는 사람이거든.
난 내가 너를 사랑한다는 걸 알고 있어.
왜냐면 나는 두려움이 네 목을 조여올 때
용기 있게 나타나는 사람이니까.
그리고 나는 내가 매일 강해지고
매일 자부심을 느끼게 될 거라는 걸 알고 있어.
왜냐면 나는 너를 사랑하니까.

# Verbrannte Erde

Ohne Rücksicht auf Verluste,
Ohne Scheu und ohne Scham
Jagten wir unsere Träume
Und nahmen jede Chance, die kam.
Für das Geld und für die Blicke,
Den Moment im Rampenlicht
Schürten wir das große Feuer,
Verloren durch den Rauch die Sicht.
Ganz egal, wen es verletzte,
Machten Eigennutz zur Kunst,
Zogen weiter, hinterließen
Verbrannte Erde hinter uns.
Und nun viele Jahre später
Sehen wir, was es gebracht.
Aus der Erde kann nichts wachsen,
Wir ernten Asche, keine Macht.

# 불탄 땅

무엇을 잃게 될지 고려하지 않고
뻔뻔스럽게
꿈을 사냥하며
우리는 다가오는 모든 기회를 잡았다.
돈과 시선을 위해
주목받을 그 순간을 위해
큰불의 불씨를 당기다
연기 속에서 시야를 잃어버렸다.
누구를 다치게 하든 상관없이
이기심을 예술로 승화시키며
앞으로 앞으로 나아가다
불탄 땅만을 남겼다.
수년이 흐른 후에서야
어떤 결과가 초래되었는지 보게 된다.
땅에선 어떤 것도 자랄 수 없게 되었으며
권력이 아닌, 재만을 거둬들이게 되었다.

# Mitternacht

Der Zauber ist vollbracht,
Ihr Selbst verpfändet,
Die Welt in voller Pracht,
Jede Echtheit entwendet.

Die Uhr schlägt Mitternacht,
Das Märchen endet.
Nichts hat es ihr gebracht,
War sie doch bloß verblendet.

# 자정

마법이 이루어졌다.
스스로를 담보로 잡아
세상을 휘황찬란하게 만들고
모든 진짜를 사라지게 만들었다.

시곗바늘이 자정을 가리키고
동화는 끝이 난다.
아무 일도 일어나지 않았다.
그녀는 그저 잠시 눈이 멀었을 뿐.

# Die Furcht(losen)

Habe stets auf ihn gewartet,
Auf den richtigen Moment,
Dachte, irgendwann verschwindet
Jeder Zweifel, der mich hält.

Ich hab immer nur gewartet,
Dass der Tag mir etwas bringt;
Statt die Tage zu erleben,
Wie das Leben sie mir schenkt.

Hätte ich nicht nur gewartet,
Dass mein Traum sich mir erfüllt,
Wäre ich vielleicht so glücklich,
Wie die Furchtlosen es sind.

# 두려움(없는)

나는 정확한 때를
계속해서 기다려왔다.
언젠가는 나를 붙들고 있는 모든 의심이
저절로 사라질 거라 생각하며.

나는 시간이 나에게 무언가 가져다주기만을
항상 그렇게 기다려왔다.
인생이 내게 시간을 어떤 식으로 선물해 줄지
직접 경험해보려 하지 않고.

꿈이 스스로 이루어지기를
가만히 기다리고만 있지 않았더라면
두려움 없는 그들처럼
아마 나도 그렇게 행복했겠지.

# Risse

Du siehst es in ihren Augen
Und du hörst es, wenn sie spricht.
Du weißt es, weil sie immer
Lächelt, wenn sie bricht.
Ein Riss.
Ein zweiter.
Doch den Kampf verliert sie nicht.

# 균열

너는 그녀의 눈 속에서 '그것'을 보고,
그녀가 말할 때는 '그것'을 듣는다.
너는 '그것'이 무엇인지 잘 알고 있다.
무너지려 할 때면 그녀는 항상 웃기에.
하나의 균열.
그리고 또 하나.
그럼에도 그녀는 결코 넘어지지 않는다.

## Darum wir

Ich kenne nicht
Den Grund.
Doch vielleicht muss ich das
Auch nicht.
Vielleicht ist es einfach
Richtig.

# 그렇기에 우리는

이유는
잘 모르겠어.
어쩌면
꼭 알아야 할 필요도 없겠지.
아마도 그냥
맞을 테니까.

# Abdruck

Meine Augen suchen,
Finden dich.
Die Illusion
Überwältigt mich.

Deine Augen leuchten,
Sehen mich.
Mein schweres Herz,
Es erinnert sich.

Dein sanftes Lächeln
Rettet mich.
Ich bleibe hier,
Denn einst gab es dich.

# 각인

내 두 눈은
너를 찾아낸다.
환상이
나를 사로잡는다.

네 두 눈이
반짝이며 나를 향한다.
나의 무거운 마음이
기억하고 있다.

네 부드러운 미소가
나를 구원한다.
나는 여기 있으려 한다.
언젠가 네가 있었던 그곳에.

# Die Ewigkeit zu kurz

Jeder Kuss verzweifelt
Wie ein allerletztes Mal.

Denn irgendwann
Ist es das wirklich.

# 너무 짧은 영원

모든 입맞춤은 필사적이다.
마치 마지막이라는 듯이.

언젠간
정말 마지막이 될 테니.

# Sommerstürme

Manchmal ziehen auch im Sommer
Dunkelgraue Wolken auf.
Langsam braut er sich zusammen
Und der Sturm nimmt seinen Lauf.

Regen prasselt auf uns nieder,
Blitze schlagen auf uns ein,
Wenn der Wind mal wieder wütet,
Schwindet unser Sonnenschein.

Das Gesagte wird zu Donner
Und die Wangen werden nass.
Dennoch wissen wir, das Wetter
Macht aus Liebe keinen Hass.

Denn nach jedem dieser Stürme,
Seien sie auch noch so rau,
Wird der Sommer wieder milder
Und der Himmel wieder blau.

Fortgespült sind dann vom Regen,
Fortgetragen sind vom Wind
Die Gedanken, die uns beiden
Eine Last gewesen sind.

# 봄 폭풍

가끔은 봄에도
먹구름이 낀다.
서서히 어두워지다가
폭풍이 하늘을 뒤덮는다.

비가 후두둑 쏟아지고
번개가 머리 위에 떨어진다.
바람이 또다시 사납게 날뛰면
우리의 햇빛이 사라진다.

입을 떠난 말은 천둥이 되고
뺨은 젖어 든다.
그럼에도 우리는 날씨가
사랑을 미움으로 바꾸지는 못한다는 걸 알고
있다.

이런 폭풍이 지나간 다음이면
아무리 거칠었다 할지라도
봄은 다시 부드러워지며
하늘은 다시 푸르러지기 때문에.

비와 함께 씻겨진다.

바람과 함께 날아간다.

우리 둘에게 짐과 같았던

그 생각들이.

Anmerkung: *Sommer* wurde in der koreanischen Übersetzung zu *Frühling* geändert, da Sommerstürme in Korea gewöhnlicher sind als in Deutschland.

주석: '봄 폭풍'의 원래 제목은 '여름 폭풍'이다. 한국은 여름에 폭풍이 몰아치는 날씨가 독일에 비해 더 빈번하기 때문에, 자주 있지 않은 일을 표현한 원작의 의미를 살리기 위하여 '봄 폭풍'으로 의역되었다.

## Jetzt oder nie

Wagst du es nicht heute,
Ist das Morgen auch vorbei.
Denn das, was dich abhält,
Bist du, nicht die Zeit.

## 지금 아니면 다시는

오늘 과감히 시도하지 않는다면
내일도 이미 떠나간 기차이다.
너를 붙들어 매고 있는 것은
시간이 아닌, 바로 너 자신이기에.

# Zwischenräume

Was du siehst, ist nur die Hälfte,
Was du weißt, nicht immer wahr.
Vielleicht leidet er, braucht Hilfe,
Legt es bloß nicht offen dar.
Du erkennst nicht ihre Narben,
Nur ein lächelndes Gesicht.
Denn die Sterne haben Namen,
Doch die Zwischenräume nicht.

# 사이

네가 보는 것은 단지 절반일 뿐이며,
네가 아는 것이 항상 진실이지는 않다.
어쩌면 그들은 고통 속에서
도움을 필요로 하고 있으나
그저 그 고통을
드러내지 않는 것일지도 모른다.
너는 그들의 웃는 얼굴만 볼 뿐
상처는 알아보지 못한다.
별들도 이름이 있지만
'사이'에는 이름이 없기 때문에.

# Ihre Tränen von morgen

Ihre Tränen von morgen
Hat sie längst schon geweint.
Sieben gestern, drei nur heute,
Morgen keine mehr. *Nein.*

# 내일의 눈물

그녀는 내일의 눈물을
이미 다 흘려버렸다.
어제는 일곱 번, 오늘은 딱 세 번,
내일은 울지 않을 거야. 절대.

# Verpasst

Die Gelegenheiten kommen
Und sie gehen ebenso.
Wie Momente plötzlich da sind,
So verstreichen sie im Nu.
Weißt du, wann die nächste Chance kommt
Und wie viele du noch hast?
Könntest du es dir vergeben,
Wenn du deinen Traum verpasst?

## 놓침

기회는 오기도 하지만
마찬가지로 가기도 해.
갑자기 생겨나는 순간들처럼
또 그렇게 사라져 버리지.
다음 기회가 언제 올지
그리고 몇 번의 기회가 더 남았는지
넌 알고 있니?
꿈을 놓쳐버리고 만다면,
너는 네 자신을 용서할 수 있겠니?

# Unsterblich

Wenn die Träume gelebt sind
Und die Tage gezählt,
Wenn die Wunder vollbracht sind
Und die Worte gewählt,
Sprechen sie ihren Abschied,
Lassen ihn für uns hier,
Denn in Worten lebt weiter,
Was wir auch verlieren.

# 불멸

꿈꾸던 일들이 모두 이뤄지고
마지막 날이 오면,
삶의 모든 수수께끼가 풀리고
하고 싶은 말도 모두 고르고 나면,
그들은 이별을 얘기할 거야.
그 말들을 우리 곁에 두고 갈 거야.
우리를 떠난 이는
말속에서 계속 살아갈 테니까.

# Danke

Ein Buch ist so viel mehr als bedrucktes Papier. Ein Buch ist ein Spiegel, der Herz und Seele derjenigen zeigt, die es erdacht, und der Fleiß all jener, die daran mitgewirkt haben. Der größte Dank gilt in diesem Fall Yulim Kim, die nicht nur mit ihrer eigenen Musik inspirieren, sondern auch der Poesie von anderen einen neuen Klang geben kann. Yul, in diesem Buch stecken Herz und Seele von gleich zwei Menschen und ich kann dir dafür nicht genug danken. Auch bin ich Yang Taekyeong unfassbar dankbar für das Korrektorat. Ich bin so froh, dass wir auf dich zählen durften! Weiteren Dank verdient Jennifer Addens, die einige Gedichte neu illustriert und sie damit zum Leben erweckt hat. Jenny, ich liebe jedes deiner Bilder – Danke dafür. Außerdem möchte ich allen danken, die mich bewegen, motivieren und das vielleicht gar nicht immer wissen. Ohne euch gäbe es keinen einzigen meiner Texte. Dazu gehörst auch du, liebe/r Leser/in, denn solange ich mit meinen Worten auch nur eine einzige Person berühren kann, habe ich schon alles erreicht, was ich mir wünsche. *Madeleine*

# 감사의 글

한 권의 책은 그저 인쇄된 종이가 아닌, 그보다 훨씬 더 많은 것을 의미합니다. 책은 지은이의 마음과 영혼, 그리고 책이 나올 때까지 도움을 준 많은 이들의 노력을 비춰주는 거울이니까요. 제일 먼저 본인의 곡 작업에 영감을 불어넣는 데에 멈추지 않고, 시에도 새로운 소리를 입혀주신 작곡가이자 번역가 김유림님께 감사의 인사를 드리고 싶습니다. 유림아, 이 책에는 우리 두 사람의 마음과 영혼이 똑같이 들어가 있어. 거기에 어떻게 감사의 인사를 해야 할 지 모르겠다. 또 기꺼이 검수를 맡아주신 양태경님께도 이루 말할 수 없이 감사드립니다. 태경님을 믿고 맡길 수 있었음에 기뻤어요! 다음으로는 몇몇 시에 삽화로 생명을 불어넣어 주신 제니퍼 아덴스님께 감사하고 싶습니다. 제니, 난 네가 그리는 모든 그림을 사랑해. 정말 고마워. 그 외에도 알게 모르게 저를 움직이게 하고 저에게 동기를 부여해주신 모든 분들께 감사하다는 말씀을 드리고 싶습니다. 여러분이 없었다면 이 시들은 탄생할 수 없었을 거예요.

지금 이 글을 읽고 계시는 당신 또한 저를 움직이게 해주는 그런 사람이랍니다. 제가 쓴 글이 단 한 명에게라도 감동을 줄 수 있다면, 제가 원하는 모든 걸 이룬 셈이니까요. *마렐린*

# Madeleine Hold
# 마델린 홀트

Schon als Kind schrieb Madeleine mit Leidenschaft Geschichten und Gedichte und wusste genau, dass sie eines Tages Schriftstellerin sein würde. Wenn sie nicht gerade schreibt oder liest, tanzt sie singend durch die Wohnung, nascht Stracciatella-Eis, genießt die Natur oder bastelt bunte Fotoalben.

어려서부터 소설과 시를 즐겨 쓰던 마델린 홀트는 자신에게 작가로서의 소명이 있다는 것을 그때부터 정확히 알고 있었다. 글을 쓰거나 책을 읽지 않을 때는 노래하고 춤추며 집안을 돌아다니거나 스트라치아텔라 젤라토를 먹기도 하고, 자연을 즐기기도 하며, 가끔은 사진 앨범을 색색으로 꾸미기도 한다.

# Yulim Kim
# 김유림

Komponistin Yulim Kim, auch Übersetzerin, schenkt Gedichten oder Märchen gern eine musikalische Seele. Ihren Traum, eines Tages selbst etwas zu schreiben, erfüllt sie sich durch das Übersetzen.

문학작품에서 받은 영감을 곡으로 표현하는 작곡가 김유림. 언젠간 직접 글을 쓰고 싶다는 꿈을 번역을 통해 간접적으로 이루는 중이다.

# Weitere Werke

**So etwas wie Poesie**
Jill Graf & Madeleine
Hold, 2019
Amazon KDP
ISBN: 978-1794418400

Als Taschenbuch &
eBook bei Amazon
erhältlich.

Sie wirkte immer schon abwesend,
Irgendwie fehl am Platz.
Und vom allerersten Moment an
Wolltest du sie lesen
- Ihre Gedanken.
Du weißt nicht, was für ein Glück du hast,
Dass du es nie konntest.
Denn keinen einzigen Moment lang
Hättest du das Chaos
In ihr verstanden.

## Erträumt

Madeleine Hold, 2020
Wreaders Verlag
ISBN: 978-3967330687

Als Taschenbuch & eBook
bei Amazon & im
Buchhandel erhältlich.

Der Traumwandler Eric reist allein durch die Träume der Menschen, immer auf der Suche nach der Person, in deren Gedanken er sich gerade befindet. Er klammert sich an die Hoffnung, dass ein solcher Träumer die Fähigkeit besitzt, ihm seinen größten Wunsch zu erfüllen.

Eines Tages begegnet er Giselle, die ihm nicht mehr von der Seite weichen will und seine Geduld sowie sein Herz auf eine ungeahnte Probe stellt.

Denn je wichtiger Giselle für Eric wird, desto mehr sträubt er sich dagegen, ihr zu gestehen, was wirklich geschehen wird, sollte seine Suche endlich erfolgreich sein.

**Ohne Kleider**
Jill Graf & Madeleine
Hold, 2021
Amazon KDP
ISBN: 979-8596431674

Als Taschenbuch bei
Amazon erhältlich.

Keine Kleider
An meinem Körper,
Die ihn schützen
Vor dem Blick.
Keine Maske
Vor meinen Zügen,
Nichts verdeckt mehr
Mein Gesicht.
Mehr als Worte
Sind diese Zeilen.
Sie sind echt und
Sie sind ich.

**마음챙김을 위한 안내서**

| | |
|---|---|
| 지은이 | 마델린 홀트 |
| 옮긴이 | 김유림 |
| 검수 | 양태경 김소원 |
| 삽화 | 제니퍼 아덴스 |
| 표지 | Mont Photographs |
| 펴낸곳 | BoD – Books on Demand, Norderstedt |
| 이메일 | madeleinehold@gmail.com / composeryul@gmail.com |
| 인스타그램 | Instagram: @maddyhold / @mi2mo_yuding |

c/o AutorenServices.de
Birkenallee 24, 36037 Fulda

ISBN: 9783754315422